AF330417

DÉPOT LÉGAL
Aube.
N° 29
1864

RECHERCHES

SUR

LES COSSARD

PEINTRES A TROYES

Par

J. P. FINOT, Troyen.

TROYES

IMPRIMERIE, LIBRAIRIE ET LITHOGRAPHIE E. CAFFÉ

Rue du Temple, 27.

—

1864

RECHERCHES

SUR

LES COSSARD

PEINTRES A TROYES

Par

J. P. FINOT, Troyen.

Anch'io son pittore !
Moi aussi, je suis peintre !

Moi aussi, je suis peintre ! s'exclama un jour Antonio
Allegri, dit Le Corrège, à la vue d'un tableau de Raphaël.
Le feu sacré venait de s'enflammer chez le jeune italien,
et se révélait soudain par cette noble exclamation, qui
promettait un artiste au monde.

C'étaient assurément les mêmes paroles et les premières
que bégayaient les enfants Cossard, à leur entrée dans la
vie. Durant deux siècles au moins leur famille fournit à
notre pays des peintres habiles, dont nous allons essayer
de redire la vie et les œuvres.

GUILLAUME.

« GUILLAUME **COSSARD**, dit Grosley, dans ses *Mémoires*
» *sur les Troyens célèbres*, naquit à Troyes, vers le milieu du
» XVIIe siècle. Il était élève des Boullongne, peintres du
» roi, dont l'un fut membre de l'Académie royale de pein-
» ture. Cossard s'était fixé à Troyes, sa patrie, où il pei-
» gnait avec talent le paysage et l'histoire.

» J'ai, continue le savant Troyen, deux paysages de lui
» et d'après Pérelle, auxquels Cossard a ajouté deux per-
» sonnages touchés avec esprit.

» Les deux tableaux en cadres ovales et dorés, qui
» forment l'attique au-dessus des portes pratiquées dans
» le lambris de l'autel de la communion de Saint-Jean de
» Troyes, sont de lui, ainsi que le tableau de Notre-Dame-
» des-Vertus, dans la même église.

» Cossard perdit la vue en 1709, et mourut en 1711, à
» l'hospice des Incurables. Son portrait, peint par lui-même
» d'une très-bonne manière, a été conservé dans sa fa-
» mille. »

Nos recherches nous ont appris que Guillaume Cossard
n'est pas mort en 1711, mais bien en 1716, le 18 mai, à
l'hospice des Incurables de Troyes.

Il était de la paroisse de Saint-Jean-au-Marché, comme le déclare le registre obituaire de l'Hôtel-Dieu. Il avait de cinquante à soixante ans.

GUILLAUME II.

Son fils aîné, GUILLAUME COSSARD, que nous appellerons GUILLAUME II, fut peintre comme son père, dont il fut l'élève. Il demeurait sur la paroisse de Saint-Remi. Il fit pour les églises un grand nombre de tableaux qui ne portent pas son nom, nous en avons néanmoins trouvé un signé dans l'église de Saint-Remi de Troyes. Cette toile représente *Saint-Roch, guérissant les pestiférés à Plaisance,* avec la signature G. COSSARD. 1728.

Cossard peignit dans des maisons bourgeoises plusieurs toiles pour salles à manger. Nous avons vu de ces peintures qu'on nous a dit venir de Cossard, et dont les costumes Louis XV accusaient incontestablement leur époque, mais comme elles n'étaient pas signées, nous n'oserions les lui attribuer.

Cossard mourut le 26 mai 1764, âgé d'environ soixante-dix ans. Son portrait, peint par Pierre Cossard, se voit encore chez ses petits-neveux.

PIERRE.

Pierre **Cossard**, fils de Guillaume II et d'Anne Chabouillet, de famille d'artistes troyens, naquit à Troyes, le 20 juin 1720. Il suivit par inclination la carrière de ses pères. Il occupa bientôt un rang distingué dans la pléïade des peintres qui firent honneur à notre cité.

Il fut un des six artistes-professeurs qui provoquèrent et obtinrent en 1773 de M. Rouillé d'Orfeuil, intendant de Champagne et des magistrats troyens, l'autorisation de fonder une École gratuite de dessin. Cette école fut ouverte à la jeunesse troyenne le 15 novembre de la même année. Les professeurs-fondateurs s'y partagèrent les leçons. Cossard fut chargé de l'enseignement de la figure, ce dont il s'acquitta avec un zèle au-dessus de tout éloge.

Charmé des succès de l'École naissante, M. de Brunneval, breton d'origine, receveur des gabelles à Troyes, voulut contribuer à cette œuvre patriotique. Il légua à la ville en faveur de l'École, la maison qu'il habitait. M. Herluison, l'un des professeurs-fondateurs, exécuta en terre le buste du donateur, lequel fut inauguré dans la grande salle de l'Hôtel-de-Ville, à la première distribution des Prix, le 3 septembre 1774. Les Troyens de nos jours ont donné le nom de Brunneval à la rue où demeurait ce généreux citoyen, pour perpétuer le souvenir du bienfait et de la reconnaissance.

L'exemple de M. de Brunneval eut bientôt des imitateurs. M. Finot, troyen, négociant et ancien consul, laissa à l'École, par testament, en 1775, une somme de six mille livres. M. Doussot, ancien procureur aux consuls, donna deux mille livres trois ans après. Plusieurs particuliers signalèrent leurs sympathies par leurs libéralités.

L'École, dont les professeurs avaient eu l'initiative en 1773, fut donc soutenue par la munificence des citoyens. Elle fut enfin constituée par Lettres-Patentes datées de Versailles, du mois de février 1779 et enregistrées au Parlement, le 23 mars 1781. Cet utile établissement prit officiellement le titre d'*École royale gratuite de dessin*.

Le professeur Cossard y amena tous les siens, fils, neveux, cousins, pour animer les élèves par les leçons et par l'exemple.

Tous les ans le nom des Cossard retentit au jour du triomphe, depuis la fondation de l'École, jusqu'au 30 septembre 1784, où un Jean Cossard, neveu du professeur, obtint le premier Prix au grand concours.

M. Alexandre, graveur troyen et professeur de l'École, avait promis par acte du 30 juillet 1780, au bureau de l'É-chevinage, la somme de deux mille quatre cents livres, pour pensionner pendant trois ans le premier lauréat chez un des peintres du roi.

JEAN.

Jean **Cossard**, fils de Pierre-Guillaume Cossard, maître verrier, naquit à Troyes, sur la paroisse de Saint-Remi, le 29 octobre 1764. Il fréquenta l'École de dessin dès son ouverture en 1773. Par son aptitude à l'art de ses pères, par son travail, Cossard fut couronné chaque année dans tous les genres de dessin, jusqu'au 30 septembre 1784, où il obtint le premier Prix au concours de toutes les classes.

Après cet éclatant succès, Jean Cossard fut appelé à jouir du don de M. Alexandre, qui pensionnait pour trois ans le premier lauréat chez un des peintres du roi.

Aux termes de l'acte du donateur, l'élève se rendit à Paris, où il étudia la peinture sous M. Vincent, peintre du roi Louis XVI. Là, comme à Troyes, Cossard fut tout à son art. Il n'avait pas encore terminé sa troisième année, qu'il envoyait à Troyes une toile représentant Louis XVI, grandeur de nature, en habit de chasse. Ce tableau arriva à Troyes le mardi 16 janvier 1787. L'hommage de Cossard fut accueilli par le Maire et MM. de Ville, comme l'expression de la reconnaissance. Nous avons demandé cette peinture à différentes époques, sans qu'il nous fût possible d'en découvrir la trace.

Cossard cultiva tous les genres et s'y rendit habile. A l'époque malheureuse de la révolution, il fut réduit à faire du métier de son art. Il se fit portraitiste pour subsister ; mais dans la mauvaise fortune comme dans la bonne, son courage ne lui fit jamais défaut. Un trait nous suffira pour peindre le caractère énergique et décidé de notre artiste.

Lorsque Bonaparte partit pour l'Égypte en 1798, Cossard fut appelé à en faire le portrait. En deux séances il saisit les traits du général, et promit de livrer sa miniature dans deux jours.

Bonaparte impatient arriva chez l'artiste au matin du deuxième jour.

— Eh bien ! mon portrait ? dit-il.

— Il est prêt, général.

— Donne-le-moi, je vais l'emporter.

— Oui, général, mais il me faut de l'argent.

— Quoi ! tu n'as pas de confiance ?

— Pardon, autrement je n'aurais pas travaillé pour vous.

— Que prends-tu pour un portrait ?

— Cinq louis, général.

— Donnez-les lui, dit Bonaparte à un officier qui l'accompagnait : il n'y gagnera pas ; je lui en aurais donné vingt-cinq à mon retour.

— J'aime mieux cinq louis aujourd'hui, général, que vingt-cinq en espérance, car, si dans l'expédition vous périssez, je perds tout ; et, si vous triomphez (ce que je

BIBLIOTHÈQUE

désire), dans l'ivresse de la victoire, vous ne songerez plus à moi.

Bonaparte sourit et emporta le portrait.

A son retour d'Égypte, le général voulut voir l'artiste. Il le fit venir :

— Eh bien! mauvaise tête, me voilà, lui dit-il en lui lançant un regard d'aigle.

Cossard faisant bonne contenance :

— Je vous en félicite, général, pour vous et pour nous.

— Et moi, je te félicite de ton portrait, que tout le monde admire. Je n'ai payé que ta peine, je veux aujourd'hui récompenser ton talent : voici vingt-cinq louis que je t'ai réservés, et souvenons-nous l'un de l'autre.

Cossard, confus de tant de générosité, remercia et protesta de son dévouement. Il fut dans la suite un des peintres-miniaturistes du premier Consul et de l'Empereur des Français.

Cossard avait conservé l'esquisse du portrait du général, il l'a gravée sur cuivre, pour souvenir de cette entrevue. Nous en donnons ci-joint la gravure tirée sur la planche même de Cossard, que sa famille a bien voulu nous communiquer.

Revenons à Pierre Cossard.

L'artiste-professeur se complaisait dans sa sphère modeste : l'École, au succès de laquelle il avait tant contribué, était florissante, il était heureux.

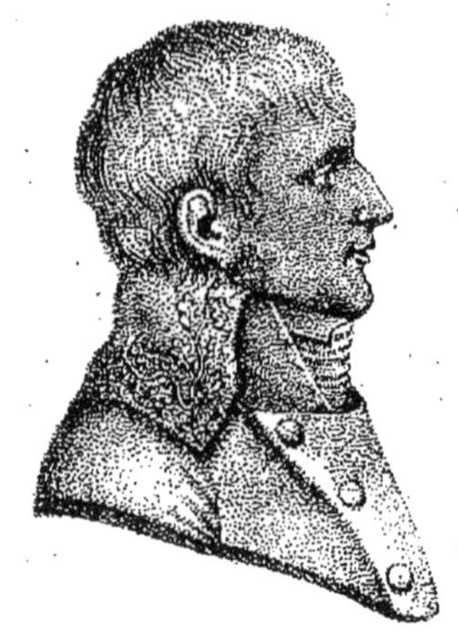

LE G.ᵃˡ BONAPARTE

Commandant de l'expédition d'Egypte,
1798.

Peint et gravé par J. Cossard, de Troyes.

Lith. E. Caffé, r. du Temple, 27, à Troyes.

La compagnie royale et militaire de l'Arquebuse de Troyes, l'avait depuis longtemps accueilli parmi ses chevaliers. En adroit tireur, il avait obtenu le glorieux titre de *Roi de l'Oiseau,* en 1760, 1761, 1764 et 1781. Considéré et aimé de ses frères d'armes, il avait été promu à tous les grades de la compagnie, jusqu'à celui de *Major* qu'il portait encore à sa mort.

Cossard, entouré d'honneurs et de considération, mourut à Troyes, le 28 mai 1784, âgé de soixante-quatre ans, au grand regret des amis des arts, des arquebusiers et de tous les habitants de Troyes. Il fut inhumé dans le cimetière de Saint-Remi, dont il habitait la paroisse. La maison paternelle de Cossard est sise rue de l'Hôtel-de-Ville et porte aujourd'hui le n° 44.

Cossard eut ardemment désiré de laisser un fils successeur dans son art, mais il n'eut pas cette satisfaction. Etienne Bernard, que lui donna son épouse Marie-Anne Faucon, le 18 août 1756, reçut les leçons de son père. D'un naturel vif, turbulent, le jeune homme ne put se plier aux allures paisibles de sa famille. Il préféra la carrière des armes. Il servit d'abord en qualité d'aide-major dans la marine royale, puis à la révolution, il prit rang dans les armées de la république, et il ne tarda pas à gagner l'épaulette. Il devint officier supérieur dans la campagne d'Italie, où il reçut sur le champ de bataille un sabre d'honneur. Cette arme, dont la lame est à jour, est conservée par un de ses arrière-neveux. Sous l'Empire, il fut colonel au 60ᵉ de ligne, et officier de la Légion-d'Honneur, à la promotion du 14 juin 1804. Retraité sous la Restauration, il mourut dans sa ville natale et dans la maison de ses pères, le 31 janvier 1837, dans sa quatre-vingt-deuxième année.

Jean Cossard, le lauréat pensionné de 1784, le peintre-miniaturiste de l'Empereur, jouit de l'estime et de l'amitié des David, des Gros et des grands maîtres de la capitale. Après s'être fait par son travail une réputation et une honnête aisance, il mourut à Paris, le 28 octobre 1838, à l'âge de soixante-quatorze ans, sans enfants mâles. Une de ses filles, Mademoiselle Amélie Cossard, excella dans l'art de peindre les fleurs. Le Musée de Troyes en possède plusieurs spécimens qu'admirent les connaisseurs et les artistes.

Il reste de J. Cossard des toiles, des porcelaines, des émaux et des ivoires, qui sont admirables de composition, de dessin et de coloris. Ces œuvres, à défaut de lignée, perpétueront sa mémoire.

Nous avons de Pierre Cossard :

Une belle copie de la verrière de l'Arquebuse, de Linard Gonthier, *Henry IV à une fenêtre de la porte de Saint-Denis, à Paris, congédiant les Espagnols, qui partent et se découvrent en fléchissant le genou :* ADIEU, MESSIEURS, leur dit-il, BON VOYAGE, MAIS N'Y REVENEZ PLUS. Cette peinture a été gravée par de Longueil, et publiée dans les *Mémoires histo-*

riques et critiques pour l'Histoire de Troyes, par Grosley, 2 vol. in-8°, 1774.

Plusieurs grands tableaux religieux, qui sont à l'église de Saint-Remi de Troyes, dont quelques-uns sont signés : P. COSSARD, *inv. et pinx.* 1780.

SAINT-LOUIS PORTANT LA COURONNE D'ÉPINES, et SAINT-NICOLAS, à la cathédrale.

Le PÈRE ÉTERNEL, placé primitivement au maître autel de Saint-Remi, aujourd'hui à Saint-Nizier de Troyes.

La CÈNE à Saint-Jean de Troyes.

Plusieurs toiles au Couvent de la Visitation.

La SAINTE-FAMILLE, à l'église de Villacerf.

Un grand tableau, dans l'église de Bar-sur-Seine.

Et une infinité de peintures non signées, qu'on trouve aux églises et chez les particuliers, et dans lesquelles les artistes et les amateurs reconnaissent le FAIRE de Cossard.

Nous croyons à propos de rapporter ici sur le peintre P. Cossard, les expressions de M. Courtalon-Delaistre, auteur de la Topographie de Troyes. Nous les extrayons de l'*Almanach de la Ville et du diocèse de Troyes, année* 1785, page 210 :

« M. Pierre Cossard, né en 1720, était professeur de » l'École royale gratuite de dessin pour la figure. Tous ses » ancêtres avaient, comme lui, exercé à Troyes, l'art de la » peinture. Il y avait dès le quinzième siècle, dans cette » ville, un Pierre-Mathieu Cossard, peintre sur verre. Son

» nom se trouve parmi ceux de ses confrères, dans les
» premières années où les peintres de Troyes formèrent
» une communauté, et obtinrent dans l'église de Saint-
» Urbain, une chapelle que l'on nomme encore aujour-
» d'hui LA CHAPELLE DES PEINTRES.

» Son attachement à sa patrie l'avait emporté, chez M.
» Cossard, sur le désir de viser aux grands succès dans
» l'exercice de sa profession. Content des leçons de ses
» pères, il n'avait point été chercher dans l'École de Paris
» ou chez les étrangers, la perfection que son aptitude et
» ses talents naturels auraient pu lui procurer, auprès des
» artistes célèbres de ce siècle. Livré à l'habitude de
» converser avec sa famille, avec ses amis, satisfait des
» jouissances et des applaudissements modérés de sa
» province, il aima mieux n'être avec eux qu'un artiste
» ordinaire, que d'acquérir une réputation plus brillante
» aux dépens de la paix et de la tranquillité qui conve-
» naient à son caractère. Il fut en un mot un citoyen esti-
» mable, et cette gloire vaut bien la palme que donnent
» les grands talents. Elle suffisait à M. Cossard, qui a
» donné quelquefois des preuves qu'il aurait pu, comme
» un autre, prétendre aux faveurs de la renommée. Mais
» il est des familles qui ne cherchent point à s'élever au-
» dessus de leur portée, qui bornent leur ambition à voir
» leur probité passer en héritage à leurs enfants, qui n'ac-
» cumulent sur leur mémoire que le souvenir de leur
« honnêteté et de l'amitié dont leurs concitoyens les hono-

» rent. C'était l'esprit de la famille où M. Cossard était né.
» A une physionomie heureuse il joignait un carac-
» tère bon, ferme, égal et généreux. Il a rempli avec
» exactitude, avec affection même et toujours avec fruit,
» l'emploi qu'il s'était imposé dans l'École de dessin.
» Obligé de quitter dans le commencement de l'année
» dernière (1784), ses fonctions, à cause d'une apoplexie
» dont il fut attaqué, il a langui depuis ce temps, et a
» quitté la vie le 29 mai 1784, à l'âge de soixante-quatre
» ans, justement regretté de tous ceux avec qui il a
» vécu, et surtout de deux compagnies qui s'honoraient
» de l'avoir adopté, et chez lesquelles il n'a jamais ins-
» piré pour sa personne que des sentiments d'attachement
» et d'estime ».

Pour conclusion, nous dirons que dans l'esprit des Troyens, au nom honorable de COSSARD, se lie d'une manière inséparable le souvenir de TALENT, PROBITÉ, DÉVOUEMENT ET MODESTIE.

Troyes, mars 1864.

www.ingramcontent.com/pod-product-compliance
Lightning Source LLC
Chambersburg PA
CBHW061853080726
47597CB00010BA/4172